Katja Enseling • Ruth Niehoff

MACH WAS DRAUS!

Lustig bunte und kreativ geniale Ideen

EIERKARTON

PAPPTELLER

KLOROLLE

STREICHHOLZSCHACHTEL

COPPENRATH

Katja Enseling • Ruth Niehoff

MACH WAS DRAUS!

Lustig bunte und kreativ geniale Ideen

COPPENRATH

INHALT

 superleicht    mittelschwer    anspruchsvoll

8

10

12

14

16

18

20

22

24

26

KLOROLLEN

28

30

32

34

36

38

TIPP

Wenn du keine Muster-
klammern hast, kannst
du das Band auch einfach
durch die Löcher ziehen
und verknoten.

Für einen frischen Blick
ROSAROTES FERNGLAS

1 Schneide aus Stoff oder Filz zwei Rechtecke zu, die um die Rolle passen, sowie zwei 2 cm breite Streifen für die Bordüre.

2 Mit dem Klebestift klebst du die Stoffteile um die Rollen.

MATERIAL

* Schere, Nagelschere
* 2 Klopapierrollen
* Bastelfilz oder Stoff
* Klebestift
* Haushaltsschwamm
* Klebepistole
* Band, 60–70 cm lang, 1 cm breit
* Lochzange
* 2 Musterklammern

3 Schneide den Schwamm zurecht: 2 cm breit, 4 cm lang und 2 cm dick.

4 Klebe mit Bastelkleber den Schwamm zwischen die Rollen. Oder bitte einen Erwachsenen, dir mit der Klebepistole zu helfen.

5 Durchbohre die Bandenden mit der Lochzange. Bohre in die Seiten des Fernglases ein Loch. Befestige das Band mit Musterklammern am Fernglas.

Für Großmäuler
FESCHER FROSCHFÄNGER

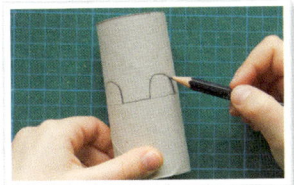

1 Markiere die Mitte der Rolle. Zeichne an die Linie zwei Bögen für die Augen.

2 Nun schneidest du den Frosch aus. Schneide das Froschmaul vorne etwas weiter.

3 Male den Frosch grün an. Tupfe zwei dunkelgrüne Nasenlöcher zwischen die Augen. Das Froschmaul malst du rosa aus. Lasse die Farbe trocknen.

4 Drücke die Rolle unten platt. Bohre in der Mitte der unteren Kante ein Loch. Ziehe die Schnur hindurch und verknote sie. An das andere Ende bindest du die Wäscheklammer.

MATERIAL

* Klopapierrolle
* Bleistift
* Schere
* Malfarbe in Grün, Dunkelgrün und Rosa
* Pinsel
* Schnur
* Mini-Wäscheklammer
* Bastelkleber
* Stoffreste
* Geschenkbandrest in Rot
* 2 Wackelaugen

5 Klebe einen 2 cm breiten Stoffstreifen unten um die Kante. Kringele aus rotem Geschenkband eine Zunge und klebe sie in das Maul. Dann klebe die Wackelaugen auf.

6 Schneide aus einem Stoffrest kleine Flügel aus. Klemme sie in die Wäscheklammer. Fertig ist die Fliege!

Ob der Frosch sich die Fliege wohl schnappen kann?

Attacke!
BUNTE BOMMELSCHLEUDER

1 Nimm einen Luftballon und mache einen Knoten in den Hals. Schneide oben ein Stück vom Kopf ab und stülpe ihn über die Rolle.

2 Schneide von den anderen Luftballons den Hals und ein Stück vom Kopf ab. Ziehe sie über die Rolle. Prima, fertig ist die Schleuder.

Mach dir gleich mehrere weiche Kugeln für eine bunte Bommelschlacht!

3 Nimm die Gabel und wickle einen Wollfaden etwa 30-mal um die Zinken. Fädele einen Faden unter der Wolle zwischen den mittleren Zinken durch.

4 Knote mit dem Faden die aufgewickelten Wollfäden fest zusammen. Ziehe die Gabel heraus. Schneide die Schlaufen auf und den Bommel rund.

Krickel, Krackel, Kunst
DICKE STRASSENKREIDE

1 Schmiere die Rollen innen dünn mit Vaseline ein.

2 Klebe sie an einer Seite mit mehreren Streifen Kreppband zu.

3 Wiege 150 g Gips ab. Verrühre den Gips mit sechs bis acht Löffeln Wasser und zwei Löffeln Farbe zu einer cremigen Paste.

4 Löffele die Masse in eine Rolle. Klopfe sie leicht auf den Tisch. Rühre den Gips für die anderen Farben genauso an.

MATERIAL

* 5 Klopapierrollen
* Vaseline
* Kreppband
* Schere
* 150 g Modellbaugips pro Rolle
* Waage
* Plastikbehälter zum Anrühren
* Wasser
* Esslöffel
* 5 Malfarben in Rot, Blau, Grün, Gelb und Türkis, etwa 2 Esslöffel pro Rolle
* Holzstab zum Umrühren
* Tortenspitze

5 Nach einer halben Stunde kannst du die Rollen entfernen. Wische die Vaseline ab. Lasse die Kreiden 1–2 Tage trocknen.

6 Wickle jedem Kreidestück einen Griff aus Tortenspitze.

Flip- Flap-Flügelschlag
FLATTERNDE HAMPEL-FLEDERMAUS

1 Übertrage die Vorlage zweimal auf Pappe. Schneide die Flügel aus und loche sie. Male sie an.

2 Klebe zwei Streifen Washi-Tape mit 2,5 cm Abstand an die Rolle. Kürze sie oben um 2,5 cm. Schneide am Tape entlang und falte die Klappe nach innen.

3 Runde die Fledermaus unten ab, bemale Gesicht und Körper. Bohre Löcher für Ohren und Beine. Befestige daran die Pfeifenputzerstücke und biege sie zurecht.

4 Bohre auf den Klappen ein Loch. Ziehe die Schnur hindurch, dann durch das obere Loch des Flügels. Verknote die Schnur an beiden Enden. Befestige den anderen Flügel genauso.

5 Verbinde nun die Flügel mit einer Schnur und knote die Perle an das untere Ende der Schnur.

6 Bohre oben zwei Löcher und knote ein Stück Schnur zum Aufhängen fest.

MATERIAL

* Bastelvorlage für Flügel (Seite 142)
* Pappe, z. B. Müslikarton
* Schere
* Lochzange
* Malfarbe in Schwarz, Weiß, Lila und Rosa
* Pinsel
* Klopapierrolle
* Washi-Tape zum Markieren
* Bleistift
* Lineal
* 4 Pfeifenputzer, 7–8 cm lang
* Schnur
* Holzperle

Zieh leicht am Faden und schon flattert deine kleine Fledermaus!

TIPP

Beim Zuschneiden der Materialien sollte ein Erwachsener helfen.

Für Lichtspieler
MAGISCHES KALEIDOSKOP

Die magische Show kann beginnen!

1 Zuerst müssen die Einzelteile nach Materialliste zugeschnitten werden. In die Mitte der schwarzen Kreise bohrst du ein kleines Loch.

2 Klebe die zwei Rollen mit Klebeband zu einer langen Röhre zusammen. Die Spiegelfolien-Streifen werden von hinten zum Dreieck geklebt.

3 Stelle die Röhre aufrecht hin und fixiere einen schwarzen Kreis mit Klebeband auf der Öffnung. Den zweiten schwarzen Kreis klebst du passgenau darauf.

4 Schiebe das Spiegeldreieck in die Röhre. Lege den durchsichtigen Kreis darauf und klebe ihn am Rand fest.

MATERIAL

* durchsichtige Plastikfolie, Kreis ø ca. 4,3 cm
* matte Plastikfolie, Kreis ø ca. 4,3 cm
* Spiegelfolie, 3 Streifen á 3,5 cm x 18 cm
* Fotokarton in Schwarz, 2 Kreise ø ca. 4,3 cm
* Tonkarton in Bunt, 2 Streifen á 15 cm x 1 cm und 1 Streifen á 15 cm x 5 cm
* 2 Klopapierrollen
* Klebeband
* Bastelkleber
* Streuobjekte (kleine bunte transparente Perlen, o. Ä.)
* Gummiringe in Bunt

5 Wenn der Kleber trocken ist, füllst du halb voll Perlen ein. Klebe den matten Kreis darauf. Lass die Rolle zum Trocknen aufrecht stehen!

6 Wickele die bunten Kartonstreifen um die Rolle und fixiere sie mit Klebeband. Binde für die Griffigkeit viele bunte Gummiringe darum.

TIPP

Am besten trocknen
die Klebestellen in
einer Wäscheklammer
fixiert.

Schwebendes Farbenspiel
SCHMETTERLINGSSCHWARM

MATERIAL

* 4–5 Klopapierrollen
* Malfarbe in Bunt
* Pinsel
* Schere
* Bastelkleber
* Perlonfaden
* Zweig

1 Male die Rollen innen in je einer schönen Farbe an. Warte, bis die Rollen trocken sind.

2 Drücke die Rollen platt und schneide sie in 1 cm breite Streifen.

3 Schneide einen Streifen an einer Seite auf. Falte die Enden 2 cm nach außen und biege die Fühler in Form. Klebe die Knickstellen aufeinander.

4 Knicke zwei Streifen in derselben Farbe mittig. Klebe beide Flügel mit dem Knick an den Körper.

5 Ziehe einen Perlonfaden durch einen der Flügel und verknote die Enden. Fertig ist der erste Schmetterling.

Mache einen ganzen Schmetterlingsschwarm und lasse ihn an einem Zweig durchs Zimmer fliegen!

Buh!
HÜPFENDER ZYLINDERHASE

MATERIAL

* Bastelvorlage für Hase
  (Seite 142)
* Bastelfilz in Weiß und Grün
* Nagelschere
* Bastelkleber
* Malfarbe in Schwarz und Rot
* Zahnstocher
* Glöckchen
* Papiertrinkhalm in Weiß und Rot
* Moosgummi in Schwarz
* Klopapierrolle
* Bleistift
* Pinsel
* Glitter
* Wattestück

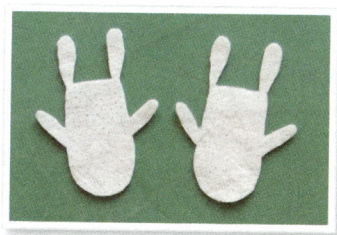

1 Übertrage die Vorlage zweimal auf Filz. Schneide die zwei Hasen aus. Klebe Vorder- und Rückseite zusammen, unten lässt du eine Öffnung für den Trinkhalm.

2 Male mit dem Zahnstocher Gesicht und Pfoten. Klebe das Glöckchen an den Trinkhalm. Bastele eine grüne Schleife aus Filz.

3 Schneide die Rolle an einer Seite in Zentimeterabständen daumenbreit ein. Knicke die Fransen nach außen.

4 Stelle die Fransenseite auf Moosgummi. Zeichne darum einen Kreis und schneide ihn aus. In der Mitte schneidest du daraus den Kreis für die Öffnung. Du brauchst einen weiteren Moosgummikreis in Größe der Klorolle. Mit der Nagelschere bohrst du ein Loch hinein.

5 Klebe den Boden und die Krempe an die Rolle. Male den Hut schwarz an. Streue etwas Glitter auf die feuchte Farbe.

6 Schiebe den Trinkhalm durch das Loch im Boden. Gib etwas Kleber oben auf den Halm und stülpe den Hasen darauf. Klebe dem Hasen aus Watte ein Schwänzchen.

Fertig ist der Hase, um aus dem Zylinder zu hüpfen ... buh!

Für Rennfahrer
BUNTE FLITZER

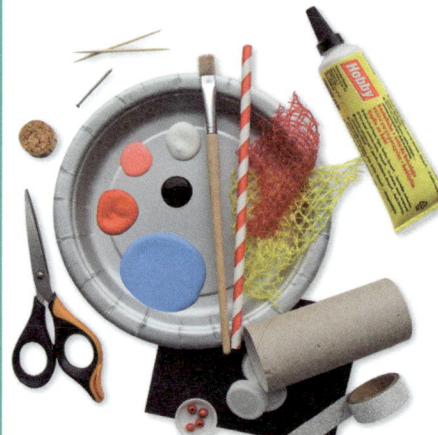

MATERIAL
(für 1 Flitzer)

* Klopapierrolle
* Malfarbe in Bunt
* Pinsel
* Schere
* 2 Trinkhalme
* Nagel
* 4 gleiche Plastikdeckel
* Bastelkleber
* 2 Zahnstocher
* 4 Holzperlen
* Orangennetz
* Korkenscheibe, 1 cm dick
* Glitzerklebeband
* Tonkartonrest in Schwarz

1 Bemale die Rolle in deiner Lieblingsfarbe. Falte die Rolle auf der einen Seite 5 cm flach, das ist dein Autoboden.

2 Bohre 4 Löcher: auf jeder Seite 1 cm vom Rand entfernt. Teile den Trinkhalm. Stecke vorne und hinten ein Stück durch beide Löcher. Kappe den Trinkhalm auf 2 mm.

3 Mit dem Nagel lochst du alle vier Plastikdeckel in der Mitte. Klebe an das eine Ende der beiden Zahnstocher jeweils eine Perle.

4 Schiebe je einen Deckel auf die Zahnstocher. Führe sie durch die Trinkhalmstücke. Ans andere Ende steckst du wieder einen Plastikdeckel und klebst eine Perle auf.

5 Schiebe ein Stück Orangennetz in ein 2 cm langes Stück Trinkhalm und klebe es als Auspuff hinten in die Rolle auf den Boden.

6 Male auf die Korkenscheibe ein Gesicht und einen Helm. Klebe den Kopf oben zwischen den Hinterrädern auf die Rolle. Verziere dein Auto mit Rennpfeilen und der Startnummer.

Klack, klack, klack
PFEILSCHNELLE MURMELBAHN

MATERIAL

* Pappe, ca. 45 cm x 65 cm
  (z. B. von einem Karton)
* Malfarbe in Schwarz
* Pinsel
* ca. 5–20 Klopapierrollen
* Schere
* Bastelkleber
* Nagel
* Pfeifenputzer
* Plastikflasche
* Locher
* Murmeln zum Spielen

1 Zuerst male die Pappe mit Malfarbe schwarz an.

2 Halbiere mehrere Rollen der Länge nach. Schneide die Ecken rund.

3 Klebe nun halbe und ganze Rollen zu unterschiedlich langen Bahnen aneinander.

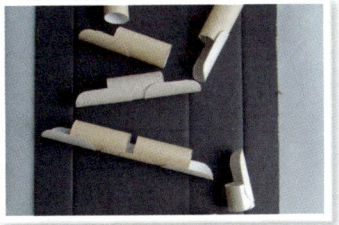

4 Konstruiere deinen Parcours und lege die Teile zu einer Bahn auf der Pappe. Achte darauf, dass die Murmel immer aufgefangen wird.

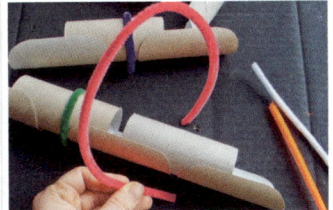

5 Bohre mit einem Nagel mittig über und unter den Rollen ein Loch. Fädele die Pfeifenputzer durch, sodass eine Schlaufe um die Rollen liegt. Verdrehe sie hinten.

6 Biege aus Pfeifenputzern bunte Pfeile und schmücke deine Murmelbahn damit.

7 Schneide mithilfe eines Erwachsenen den oberen Teil einer Plastikflasche ab. Loche den Rand und fädele einen Pfeifenputzer als Spirale hindurch. Stecke ihn als Trichter an den Anfang der Bahn.

8 Nutze den unteren Teil der Plastikflasche als Auffangbehälter. Bringe aus Pfeifenputzerresten zwei Ösen am oberen Rand der Pappe an und hänge die Murmelbahn auf.

Und jetzt kommt der große Test: Findet deine Murmel ins Schälchen, wenn du sie oben einwirfst?

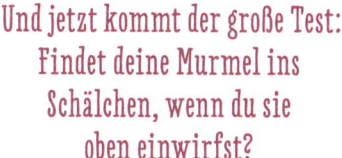

Für Singsang
KLINGENDES KAZOO

1 Beklebe die Klopapierrolle knallbunt mit Streifen und Stücken aus Washi-Tape.

2 Mit einer spitzen Schere stichst du ein Loch, 3–4 cm vom Rollenrand entfernt.

MATERIAL

* Klopapierrolle
* Washi-Tape
* Schere
* Back- oder Wachspapier, 8 cm x 8 cm
* Gummiring

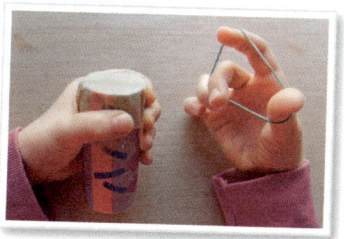

3 Lege das Backpapier straff gespannt über die Öffnung, die näher am Loch liegt. Befestige es mit dem Gummiring. Probiere dein Kazoo aus.

Singe summend hinein. Wenn du die richtige Tonhöhe triffst, vibriert das Papier, deine Stimme wird verzerrt, das klingt lustig! Und manchmal auch schaurig ...

TIPP

Statt mit Farbklecksen kannst du die Kronen mit Glitter, Perlen, Spitzen-bändern oder Stoffresten verzieren, das sieht auch toll aus.

Für Feen und Prinzessinnen
HÜBSCHE KRÖNCHEN

1 Male eine Zickzacklinie an den einen Rand der Klorolle. Damit die Zacken gleich lang werden, hilft dir ein Gummiring als Markierung.

2 Schneide die Zacken aus. Drehe aus Zeitungspapier einen Griff und stecke die Krone darauf.

MATERIAL

* Klopapierrollen
* Bleistift
* Gummiring zum Markieren
* Schere
* Zeitungspapier
* alte Zahnbürste, Pinsel
* Acrylfarbe in Bunt
* Lochzange
* Gummiband, 50 cm lang, 5 mm breit

3 Spritze mit der Zahnbürste ein wildes Muster auf die Krone.

4 Lasse die Farbe trocknen und male die Krone innen einfarbig an.

5 Bohre an zwei Seiten Löcher. Fädele das Gummiband von außen in die Löcher. Binde je einen Knoten.

6 Biege die Zacken vorsichtig etwas nach außen und schon kannst du dich krönen!

TIPP

Die Klebestellen hältst du mit Wäscheklammern zusammen.

Der Affe ist los!
WILDE ZOOTIERE

MATERIAL

* 5 Klopapierrollen
* Malfarbe in Bunt
* Pinsel, Schere, Bastelkleber
* Wäscheklammern

Schlange

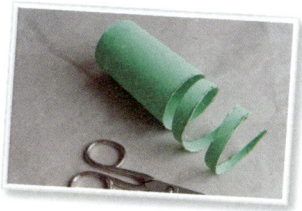

1 Schneide eine beidseitig hellgrün bemalte Rolle zu einem geringelten Streifen, der am Ende dicker wird, das wird der Kopf.

2 Schneide ans Kopfende eine Zunge. Male Gesicht und Muster.

Löwe

1 Du brauchst zwei beidseitig gelb bemalte Rollen. Eine davon schneidest du der Länge nach auf. Schneide zwei 1 cm breite Streifen und einen schmaleren Streifen ab. Aus dem Rest schneidest du den Kopf. Male Mähne, Gesicht, Schwanzspitze und Pranken.

2 Klebe die Beinstreifen in die Rolle. Klebe Kopf und Schwanz an. Schneide Mähne und Schwanzspitze in Fransen.

Affe

1 Du brauchst zwei beidseitig braun bemalte Rollen. Eine Rolle schneidest du an der Längsseite auf und schneidest drei 1 cm breite Streifen und einen etwas schmaleren Streifen ab.

2 Drücke die Rolle auf einer Seite platt. Schneide auf der einen Seite 4 cm ab. Auf die andere Seite zeichnest du den Affenkopf und schneidest ihn aus.

3 Für die Beine schneide einen 1 cm breiten Streifen in der Mitte durch. Klebe Arme, Beine und Schwanz an, male das Gesicht.

Fürs Lichterfest
LEUCHTENDE LAMPIONS

1 Schneide die Rolle längs auf und lege sie um das Teelicht. Markiere den Umfang und schneide die überstehende Pappe ab.

2 Falte die langen Kanten aufeinander und öffne das Pappestück wieder. Verziere es in der Mitte mit Streifen aus Washi-Tape.

3 Falte es am Knick zusammen. Schneide es am Falz nach jeweils 1 cm 3 cm tief ein.

4 Dann falte die Pappe wieder auseinander und klebe die untere Kante um das Teelicht. Klebe um den unteren und oberen Rand Washi-Tape.

5 Bohre mit der Sticknadel zwei gegenüberliegende Löcher und befestige den Draht.

Boah!
BEDRUCKTER BEUTEL

1 Nimm eine Klopapierrolle und falze die runden Öffnungen zu Dreiecken.

2 Decke deine Arbeitsfläche gut ab. Lege eine Pappe in die Tasche und fülle deine Farben in flache Behälter.

MATERIAL

* 3 Klopapierrollen
* Pappe
* Baumwolltasche, gewaschen und gebügelt
* Acryl- oder Stoffmalfarben in Bunt
* flache Behälter oder Schraubdeckel für die Farben

3 Nimm eine der dreieckigen Rollen und tunke sie in eine Farbe, dann drücke sie auf die Tasche. Nimm für jeden Abdruck Farbe auf. Für eine andere Farbe nutzt du eine frische Rolle.

4 Wenn dein Muster fertig ist, lässt du die Tasche über Nacht trocknen. Lasse dir von einem Erwachsenen helfen, wenn du sie anschließend von der Rückseite bügelst, um die Farbe zu fixieren.

Für kleine Reichtümer
PUTZIGES PORTEMONNAIE

1 Drücke die Klopapierrolle flach und fahre die Knickstellen mit der Schere nach.

2 Klebe Jute darum. Nach dem Trocknen schneidest du überstehende Jutestücke ab.

3 Bohre mit der Schere entlang der Kante gleichmäßig 5 Löcher. Ziehe mit der Sticknadel Wollfäden hindurch und verknote sie.

4 Schneide die Rolle oben an den Seitenknicken 3 cm tief ein. Falte eine Seite um und schneide sie entlang der Knickstelle ab.

5 Schräge die Ecken ab. Lege die Klettpunkte aufeinander, sodass die Klebeseiten außen sind. Klebe den Punkt in die Klappe und auf das Portemonnaie.

6 Schneide aus Filz oder Stoff drei unterschiedlich große Kreise zu. Klebe sie aufeinander und dann auf die Klappe.

MATERIAL

* Klopapierrolle
* Schere
* Jute
* Bastelkleber
* Sticknadel
* Wollfäden in Bunt
* Klettklebepunkt oder Klettband, selbstklebend
* Filz- oder Stoffreste

So, jetzt wäre es Zeit für etwas Taschengeld …!

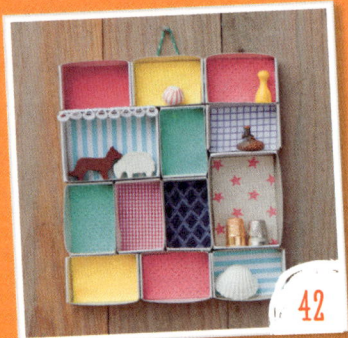

42

44

46

48

50

52

54

56

58

STREICHHOLZ-SCHACHTELN

60

62

64

66

68

70

Für kleine Schätze
KRIMSKRAMS-SETZKASTEN

1 Baue deinen Schätzen ein Zuhause aus Streichholzschachteln. Beklebe zuerst die Böden der Schubladen mit Stoffresten.

2 Lege die Schubladen zu einem bunten Rechteck aneinander.

MATERIAL

* Streichholzschachtelschubladen
* Stoffreste
* Schere
* Bastelkleber
* Wäscheklammern
* Aufhänger

3 Nun klebe sie nach und nach an den Rändern zusammen. Klemme Wäscheklammern auf die frisch geklebten Stellen, damit alles gut zusammenhält.

4 Zum Schluss klebst du einen Bildaufhänger oben auf die Rückseite des Setzkastens. Sobald der Kleber getrocknet ist, kannst du kleine Schätze hineinstellen.

Hier ist genug Platz für deine wertvollsten Funde und schönsten Sammlungen.

✂

TIPP

Schneide einen Barcode-Aufkleber zurecht oder Herz und Pfeil aus Papier. Und klebe es auf. So wir dein Roboter zum Unikat.

Für süße Freunde
ROBOTER MIT KABELSALAT

1 Beklebe eine Streichholz-schachtel mit Alufolie.

2 Falte aus Tonpapierstreifen vier Hexenleitern. Schneide den Armen kleine Greif-Hände.

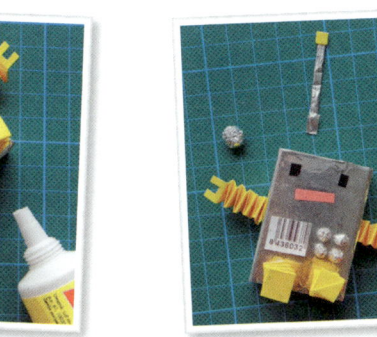

3 Klebe der Schachtel die Arme und die Beine an.

4 Schneide Augen und Mund aus Papier oder Klebeband aus. Aus Alufolie rollst du Knöpfchen, faltest eine Antenne und klebst alles an.

5 Nun fülle den Roboter mit Fruchtgummi-Kabeln, damit er richtig funktioniert …

MATERIAL

* Streichholzschachtel
* Alufolie
* Schere
* Klebestift
* 4 Tonpapierstreifen, 1 cm breit, 20 cm lang
* Papierrest oder Klebeband in Rosa und Schwarz
* Fruchtgummischnüre

Mmmh, lecker! Süßer Roboter mit Herz abzugeben.

Heimat für Erinnerungswichtel
STARKE KÜHLSCHRANKMAGNETEN

1 Beklebe die Streichholzschachtel und den Schachtelboden mit Geschenkpapier oder Stoff. Bohre mit der Sticknadel ein Loch in die Schublade.

2 Für das Fenster schneide die Hülle oben zweimal 3 cm tief ein. Biege das eingeschnittene Pappstück nach außen. Kürze es auf 1 cm.

MATERIAL
(für 1 Magneten)

* Streichholzschachtel
* Geschenkpapier- und Stoffreste
* Schere
* Klebestift
* Sticknadel
* Papperest
* Spitzenband
* Garn
* Glöckchen
* Magnetfolie
  (oder ein starker Magnet)

3 Falte den 1 cm-Pappstreifen längs in der Mitte nach innen. Gib etwas Kleber in die Falte, drücke es zusammen. Das ist die Fensterbank.

4 Für das Dach beklebe ein Dreieck aus Pappe mit Stoff und Spitze. Klebe das Dach auf die Schachtel.

Suche oder bastle dir einen winzigen Bewohner und dann ab an den Kühlschrank zum Erinnern!

5 Fädele das Glöckchen auf Garn. Ziehe beide Garnenden durch das Loch und verknote sie.

6 Schneide ein Stück Magnetfolie zu und klebe es auf die Rückseite.

Törööö!
STAPELFANT ZUM SPIELEN

MATERIAL

* Streichholzschachtel mit Streichhölzern
* Papierreste: Packpapier, Tonpapier, Geschenkpapier …
* Schere
* Klebestift
* Filzstift in Schwarz

1 Du brauchst eine volle Streichholzschachtel! Umklebe sie erst mit Packpapier. Dann verziere den unteren Rand mit einer schönen Papierborte.

2 Male mit einem Filzstift Mund und Augen auf. Klebe rote Backen auf.

Spiel:
Teilt die Streichhölzer gerecht unter euch auf. Nacheinander darf jeder ein Streichholz auf den Kopf des Stapelfanten legen. Wenn Hölzer herunterfallen, muss der schuldige Spieler sie nehmen. Es gewinnt, wer zuerst keine Streichhölzer mehr hat.

3 Dann klebe einen Papierrüssel zwischen die Augen. Zum Schluss schneide zwei Ohren aus und klebe sie seitlich an.

Törööö, das Spiel kann beginnen!

49

PRIORITY
PRIORITAIRE / LUFTPOST

TIPP

Falls du keinen Luftpost-
aufkleber hast, kannst
du dafür einfach bei der
Post nachfragen.

MINI-BRIEFMARKENALBUM

1 Schneide das weiße Papier in der Breite der Streichholzschachtel zu. Klebe es um die Schachtel.

2 Beklebe die Kanten mit Washi-Tape. In die Mitte klebst du den Luftpostaufkleber.

MATERIAL

* Schere
* Papier in Weiß und Hellblau, A4
* Streichholzschachtel, 5 cm x 7 cm
* Klebestift
* Washi-Tape, gestreift
* Luftpostaufkleber
* Bleistift
* Lineal

3 Zeichne mit Lineal auf hellblaues Papier drei 4,5 cm breite Streifen. Schneide sie ab.

4 Die Papierstreifen faltest du zu einer Ziehharmonika: Beginne mit einer kurzen Kante und falte sie in Etappen von 6 cm. Danach klebe die drei gefalteten Streifen aneinander.

Fertig ist dein Sammelalbum!
Suche schöne Briefmarken zum Einkleben!

5 Lege das Ziehharmonika-büchlein in die Schachtel.

Abrakadabra Simsalabim!
ZAUBERER MIT LUSTIGEN BEINEN

1 Schneide das Papier zurecht und beklebe die Schachtel damit.

2 Zeichne einen Zauberer mit schwarzem Mantel, spitzem Hut und Zauberstab längs auf die Schachtelhülle.

MATERIAL

★ Schere
★ Papier in Blau
★ Klebestift
★ Streichholzschachtel
★ Fineliner oder Filzstift in Schwarz

3 Male dem Zauberer auf die Rückseite der Schublade Stiefel, lange Beine und eine lustige Unterhose.

4 Dann schiebe die Schublade in die Hülle.

Abrakadabra! Jetzt kannst du dem Zauberer lange und kurze Beine zaubern, ganz wie du magst.

53

Für Milchzähne
SÜSSES ZAHNFEE-DÖSCHEN

1 Schneide ein Stück Jeansstoff zu und zusätzlich eine kleine Tasche. Nähe die Tasche auf die Mitte.

2 Klebe den Jeansstreifen mit der Tasche nach oben um die Schachtelhülle.

3 Male die Schublade in deiner Lieblingsfarbe an. Während die Farbe trocknet, schneidest du einen Stoffrest für den Boden zu.

4 Bohre ein kleines Loch in die Seite der Schublade. Fädele ein Stück Schnur durch das Loch und binde einen Knoten.

5 Schneide aus dem Tonkarton einen Zahn aus. Male ihm Augen und Mund.

6 Klebe den Zahn ans Schnurende und den Stern auf die Tasche.

MATERIAL

* Schere
* Jeansstoff, z. B alte Hose
* Nähnadel
* Nähgarn in Grün
* Bastelkleber
* Streichholzschachtel
* Malfarbe in Grün
* Pinsel
* Stoffrest
* Schnur
* Tonkartonrest in Weiß
* Filzstift in Schwarz und Rosa
* Glitzerstein oder Sternchen

Ab auf den Nachttisch damit, das lockt ganz bestimmt die Zahnfee an!

Für Lauscher
FRÖHLICHES HORCHMEMO

1 Schneide aus Geschenk-papier Streifen in der Breite der Streichholzschachteln zu. Die Länge muss gut herum passen. Schneide so 16 Stücke zu.

2 Nun klebe die Streifen mit dem Klebestift um die Schach-teln. Alle Schachteln sollten möglichst gleich aussehen.

3 Fülle die Schachteln mit kleinteiligen Materialien, die beim Schütteln klappern: Erbsen, Reis, Mais … Fülle immer zwei Schachteln gleich.

4 Lege aus Streichhölzern die Worte HORCH und MEMO auf den Deckel des Versandkartons und klebe sie mit Bastelkleber fest. Darin bewarst du das Horchmemo auf.

MATERIAL

* Schere
* klein gemustertes Geschenkpapier
* 16 Streichholzschachteln
* Lineal
* Bleistift
* Klebestift
* Erbsen, Reis, Büroklammern etc. zum Füllen
* Streichhölzer
* Versandkarton zum Aufbewahren
* Bastelkleber

Spiel:
Reihum darf jeder zwei Schächtelchen schütteln. Wenn er zwei Schächtelchen mit demselben Geräusch hat, darf er sie behalten – natürlich vorher prüfen, ob wirklich dieselben Klappersachen drin sind. Gewonnen hat, wer am Ende die meisten Schächtelchen hat.

Bunny Blue
HASENFRECHER ZAHNBÜRSTENHALTER

1 Wickele das Frottee einmal um die Schachtel. Schneide Länge und Breite zu.

2 Schneide aus Filz zwei Ohren und zwei Zähne. Klebe die Ohren oben rechts und links an.

MATERIAL

* Frotteerest,
  z. B altes Handtuch
* Streichholzschachtel
* Schere
* Filz- oder feste Stoffreste
  in Weiß und Bunt
* Bastelkleber
* Schwammstück in Rosa
* 2 Wackelaugen
* Band
* Saugnapf

3 Klebe das Frottee Kante an Kante zu den Hasenohren. Dann beklebst du die restlichen Seiten.

4 Aus dem Schwammstück forme eine Nase. Klebe Wackelaugen, Nase und Zähne auf.

So weißt du immer, wo deine Zahnbürste ist.

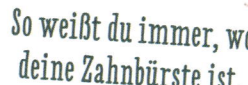

5 Ziehe das Band durch den Hasenkopf und knote die Enden zusammen. Befestige den Saugnapf im Bad und hänge den Zahnbürstenhalter ein.

MATERIAL

* 6 Streichholzschachteln
* Bastelkleber
* Tonkarton in Türkis
* Bleistift
* Schere
* Lineal
* Moosgummi in Rosa,
  1 mm dick
* 4 kleine Holzperlen in Orange
* Tortenspitze
* Malfarbe in Rosa, Orange
  und Grün
* Pinsel
* Streichhölzer
* Spitzenband, selbstklebend
* Washi-Tape
* Spiegelfolie oder Alufolie

TIPP

Du magst Blumen? Male Streichhölzer grün an, der Kopf bleibt. Schneide aus den Tonpapierresten kleine Kreise. Bohre ein Loch mittig und stecke ein Streichholz durch. Male einen Spüli-Deckel orange und stelle die Blumen hinein.

In Zwerghausen
MINI-MÖBEL FÜR DIE PUPPENSTUBE

1 Klebe vier Streichholzschachteln zu einer Kiste. Schneide aus dem Tonkarton ein Rechteck 4,5 cm x 7,2 cm und 2 Streifen 5,4 cm x 15 cm.

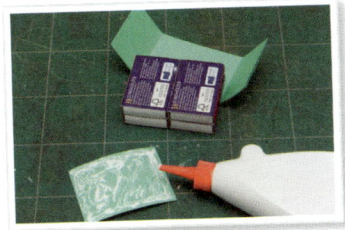

2 Die Streifen nimmst du doppelt, wenn du die Kiste mittig aufklebst. Die Seiten klappst du hoch und klebst sie an. Das Rechteck klebst du unten an.

3 Aus dem Moosgummi schneidest du vier Rechtecke in Größe der Schubladenvorderseite. Schneide noch vier kleinere Rechtecke zu. Klebe auf jede Schublade ein großes und ein kleines Rechteck plus eine Perle.

4 Aus Tortenspitze schneide ein kleines Deckchen aus und klebe es auf die fertige Kommode.

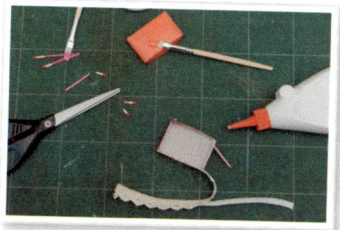

5 Für den Hocker malst du eine Schublade orange. Male 4 Streichhölzer rosa und kürze sie gleichmäßig. Klebe sie in die Schachtelecken. Das Spitzenband klebst du um den Rand.

6 Für den Spiegel malst du eine Schublade rosa. Verziere die Außenkante mit Washi-Tape. Dann klebe die Spiegelfolie ein.

61

TIPP

Was wäre die Fee ohne Zauber? Biege aus dünnem Draht einen kleinen Zauberstab, klebe an das eine Ende den Stern und wickle das andere Ende um einen der Arme.

Zauberglitter und Feenstaub
FEINE ZAUBERFEE

1 Male die Hülle türkis an und streue Glitzer über die noch feuchte Farbe. Male zwei Streichhölzer am unteren Ende ebenfalls türkis an.

2 Schiebe die Schublade aus der Glitzerhülle und male auf die Unterseite mit dem Zahnstocher das Gesicht. Klebe oben das geringelte Geschenkband fest.

MATERIAL

- ★ Streichholzschachtel
- ★ Farbe in Türkis, Rot und Schwarz
- ★ Pinsel
- ★ Glitzer
- ★ 4 Streichhölzer
- ★ Zahnstocher
- ★ Geschenkband, geringelt
- ★ Bastelkleber
- ★ Nagelschere
- ★ Tortenspitze
- ★ optional: Draht und einen Stern für den Feenstab

3 Bohre mit der Nagelschere Löcher für Arme und Beine und stecke die Streichhölzer hinein.

4 Schneide aus der Tortenspitze zwei Flügel zu und klebe sie an die Rückseite der Fee.

Hoch hinaus!
SCHWEBENDE SEILBAHN

1 Male die Schachteln an: eine Hülle gelb, die andere rot und die Schubladen hellblau.

2 Schneide in die gelbe und rote Schachtelhülle zwei rechteckige Fenster.

3 Verziere den unteren Rand mit Glitzerklebeband.

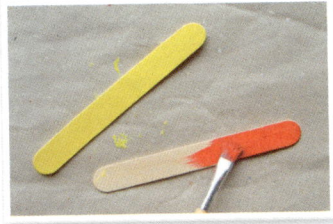

4 Bemale die Holzstäbe: einen in Rot, den anderen in Gelb.

5 Klebe oben quer an die Stäbe ein 5 cm langes Stück Trinkhalm als Seilführung. Auf die untere Stabhälfte klebst du die Gondeln. Lasse alles trocknen.

6 Nun spannst du das Seil: Schlinge den Wollfaden um zwei Stuhllehnen. Bevor du die Schlinge straff zuknotest, fädelst du auf jeder Seite eine Gondeln auf.

MATERIAL

* 2 große Streichholzschachteln
* Malfarbe in Hellblau, Gelb und Rot
* Pinsel
* Bleistift
* Schere
* Glitzerklebeband
* 2 flache Holzstäbe, 2 cm breit und 15 cm lang
* Bastelkleber
* 2 Trinkhalme
* Wolle, ca. 3 m

Die Fahrt geht los! Ziehe am Band, sodass die Gondeln über die Schlucht schweben.

BITTE WERDE BALD WIEDER GESUND!

SchLaF Bei Mir

DU BIST SUPER STARK

HIPP HIPP HURRA!

TIPP

Du siehst hier noch mehr Beispiele für nette Botschaften: ob gute Besserung, Einladung zum Übernachten oder ein liebes Kompliment. Denk dir kleine Botschaften aus, die du lustig gestaltet in einer Streichholzschachtel verschenken kannst.

Konfettiwolke, Komplimente & Co.
LIEBE SCHACHTELBOTSCHAFTEN

1 Beklebe die Schachtelhülle mit Geschenkpapier. Binde ein Geschenkband darum. Male die Schublade rosa an.

2 Schneide aus weißem Tonpapier eine Wolke aus. Male ihr ein Gesicht. Schreibe einen Geburtstagsgruß auf einen kleinen Streifen. Zeichne einen Pfeil auf einen anderen Streifen.

MATERIAL
(für die Hipp, hipp, hurra!-Botschaft)

* Streichholzschachtel
* Geschenkpapier
* Schere
* Bastelkleber
* Geschenkband
* Malfarbe in Rosa
* Pinsel
* Tonpapier in Weiß und Bunt
* Fineliner
* Locher

3 Schneide einen 1 cm breiten und 15 cm langen Streifen Tonpapier, knicke ihn in der Mitte um und falte ihn zu einer Hexenleiter. Klebe die Wolke darauf.

4 Klebe deinen Geburtstagsgruß in die Schachtel, dann die Wolke. Stanze mit dem Locher buntes Konfetti aus und lege es dazu. Schiebe die Schachtel vorsichtig zu.

Öffnet das Geburtstagskind die Schachtel, springt eine gut gelaunte Wolke hoch ... Hipp, hipp, hurra!

Mit Karacho
BUNTE LUFTBALLONFLITZER

1 Beklebe die Streichholz-schachtel mit Geschenkpapier.

2 Schneide vom Trinkhalm zwei Stücke schachtelbreit ab. Klebe sie an die Unterseite.

MATERIAL

* ★ Streichholzschachtel
* ★ Geschenkpapier
* ★ Schere
* ★ Klebestift
* ★ Trinkhalm
* ★ Bastelkleber
* ★ 2 Wattestäbchen
* ★ 4 Holzperlen
* ★ Luftballon
* ★ Gummiring

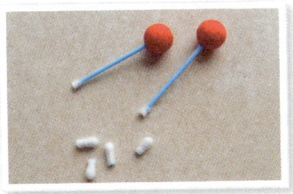

3 Von den Stäbchen schneide die Watte bis auf einen Mini-Rest ab. Klebe an ein Ende eine Perle. Stecke die Stäbchen durch die Trinkhalme und klebe ans andere Ende Perlen.

4 Bohre ein Loch mittig in die Schubladenseite. Schiebe den Trinkhalmrest hindurch.

5 Stecke den Luftballonhals innen auf den Trinkhalm und be-festige ihn mit dem Gummiring.

6 Schiebe die Schublade in die Hülle.

Puste den Ballon auf und lasse den Flitzer flitzen!

Tomte, Trulla, Mopsi und Co.
DROLLIGE TASCHENTROLLBANDE

1 Einen Taschentroll zu basteln geht ruck, zuck! Schneide ein Stück Plüsch ab und klebe dem Holzstück Haare auf.

2 Klebe Wackelaugen auf. Male dem Troll Nase, Mund, Zähne und Fell auf. Nimm dafür am besten einen Zahnstocher.

3 Schneide aus einem Stoffrest eine Decke und beklebe die Schachtel mit Geschenkpapier.

4 Wie soll dein Troll heißen? Präge ein kleines Namensschild und klebe es auf die Schachtel.

MATERIAL
(für 1 Troll)

* Plüschstück in Schwarz
* Schere
* Bastelkleber
* Holzstück, etwa 2 cm x 3 cm
* 2 kleine Wackelaugen
* Malfarbe in Bunt
* Zahnstocher
* Stoffreste
* Streichholzschachtel
* Geschenkpapier
* Prägebeschriftungsgerät und Prägeband

74

76

78

80

82

84

86

88

90

92

PAPP-TELLER

94

96

98

100

102

104

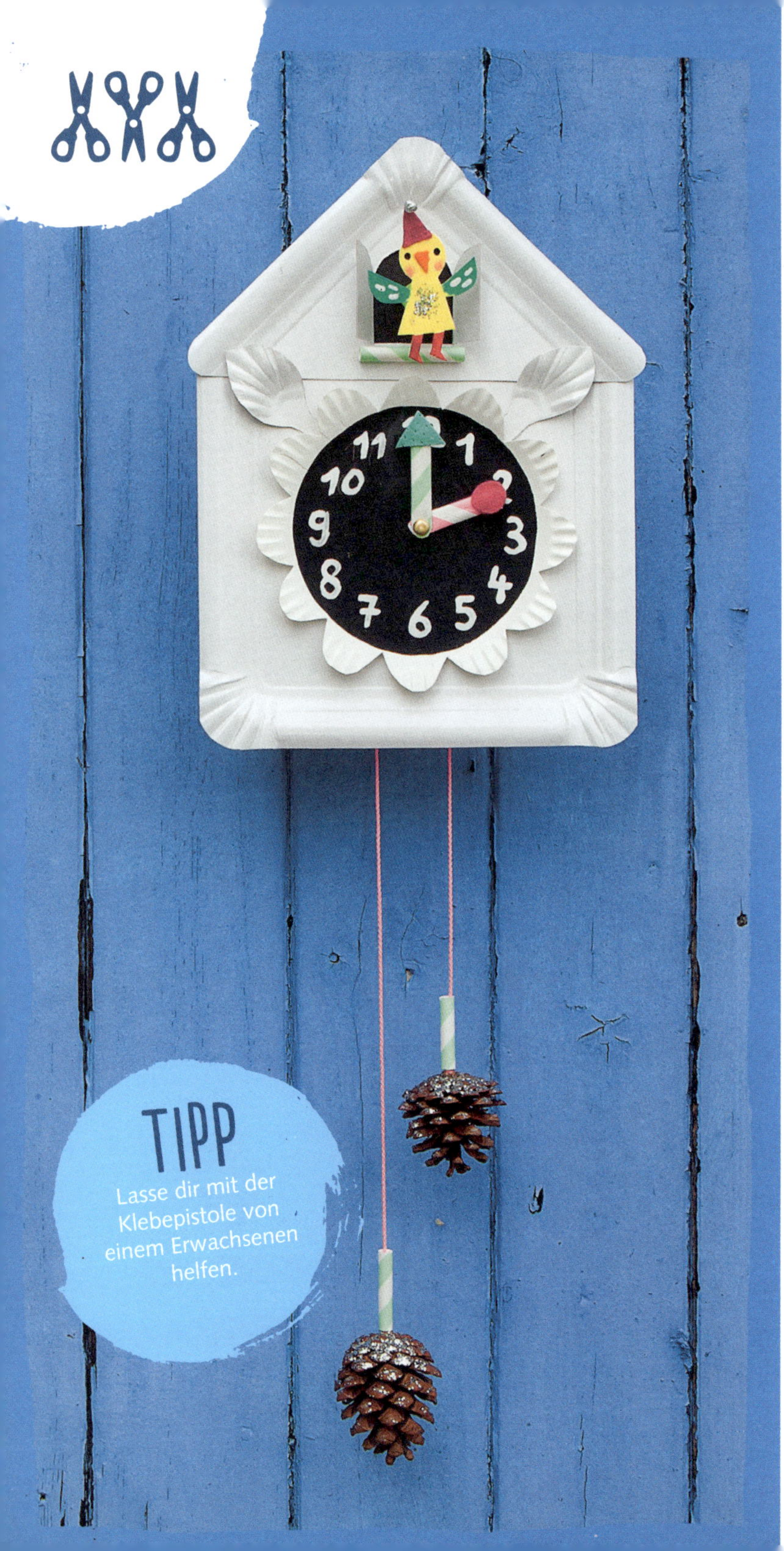

Für Vogelfänger

LUSTIGE KUCKUCKSUHR

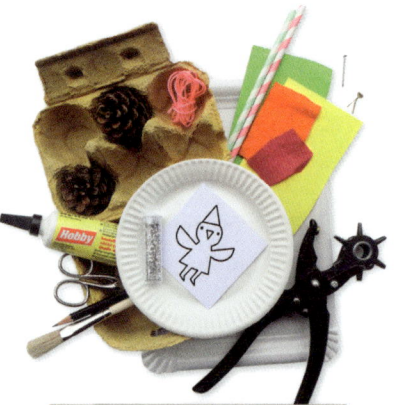

MATERIAL

- Bastelvorlage für Kuckuck (Seite 142)
- Schere
- Tonkarton- und Filzreste
- Bleistift
- Acrylfarbe in Schwarz und Weiß
- Pinsel
- Glitter
- 2 Tannenzapfen
- Bastelkleber
- 2 rechteckige Pappteller, ca. 18 x 26 cm
- 2 verschiedenfarbige Papiertrinkhalme
- Pappteller in Weiß, ø 14,5 cm
- 6er-Eierkarton
- Lochzange
- Schnur, 50 cm lang
- Musterklammer
- Klebepistole

TIPP

Lasse dir mit der Klebepistole von einem Erwachsenen helfen.

1 Kopiere den Kuckuck von Seite 142 und schneide ihn aus. Lege die Vorlage auf ein Stück Tonkarton, ziehe mit dem Bleistift den Umriss nach und schneide den Vogel aus.

2 Verziere ihn mit Farbe, Glitter und Filz. Falte eine kleine Hexenleiter und klebe sie auf den Vogelrücken. Bestreiche die Zapfen mit Kleber und streue Glitter darüber.

3 Schneide aus den eckigen Tellern das Haus zu und klebe es zusammen.

4 Schneide in das Dach ein Klappfenster. Beklebe es von hinten mit schwarzem Tonkarton. Ein Stück Trinkhalm ist die Fensterbank.

5 Schneide aus dem runden Teller 12 Blütenblätter und male die Innenfläche schwarz. Zeichne weiße Ziffern auf. Klebe ihn und zwei weiße Blätter auf das Haus.

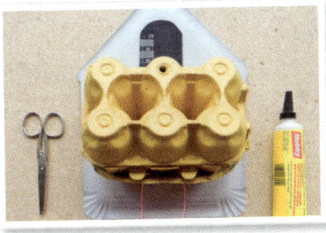

6 Den Eierkartondeckel klebst du mit der Öffnung nach unten auf die Rückseite. Fädele die Schnur durch die Löcher im Rand. In den Kartonboden bohre ein Loch zum Aufhängen.

7 Schneide Zeiger aus Trinkhalmen. Loche die Enden und klebe an die Spitzen ein Dreieck und einen Punkt aus Filz.

8 Bohre mittig des Zifferblatts ein Loch, montiere die Zeiger mit der Klammer. Klebe den Kuckuck in das Fenster.

9 Zum Schluss fädele ein Stück Trinkhalm auf die Schnurenden und klebe die Zapfen fest.

Wuff, ein treuer Begleiter
BRAVE HUNDETASCHE

1 Schneide von einem Teller das obere Viertel gerade ab.

2 Male dem abgeschnittenen Teller eine Schnauze und einen schwarzen Augenfleck. Den ganzen Teller malst du blau.

3 Klebe die Wackelaugen und den Plastikdeckel auf. Schneide aus Filz zwei Schlappohren und klebe sie seitlich an.

4 Klebe die beiden Teller am Rand aufeinander.

Hänge den Hund über deinen Basteltisch, er passt gut auf Kleber, Stifte und Schere auf.

5 Klemme zum Trocknen ein paar Wäscheklammern auf die zusammengeklebten Tellerränder.

6 An den Seiten unter den Schlappohren lochst du die Tasche und knotest die Kordelenden an. Wuff! Fertig!

TIPP

Fülle die Kiste mit deiner Lieblingsrezeptesammlung, die sich stetig erweitern lässt. Mit dem Superlecker-Anstecker kannst du dann markieren, welches Gericht du heute essen magst. **Guten Appetit!**

MATERIAL

* Pappteller
* Tonpapierreste, Wolle, Stoffreste, Moosgummi, Knöpfe … für die Collage
* Bastelkleber
* Schere
* Malfarbe
* Pinsel
* Kopien von Lieblingsrezepten (Kochbücher, Internet etc.)
* Waschmittelkarton oder kleiner Schuhkarton als Rezeptebox
* altes Geschirrtuch oder gemustertes Papier
* Tonpapier in Hellblau und Gelb
* Wäscheklammer

SUPER lecker

REZEPTE

Hmmm, superlecker!
LIEBLINGSREZEPTESAMMLUNG

Was soll es zu essen geben? Mit der Rezeptbox hast du deine Lieblingsgerichte immer zur Hand und kannst Mama damit helfen. Also was isst du besonders gern?

Zum Beispiel **Spaghetti mit Tomatensoße**: Aus weißen Wollfäden lassen sich herrliche Spaghetti kleben. Nun noch einen Klecks rotes Papier obendrauf, fertig ist die Tomatensoße!

Oder magst du lieber **Pizza**? Aus rotem Karton entsteht Tomatensoße, Moosgummi und Stoff werden zu Broccoli. Knöpfe verwandeln sich in Pilzköpfe und gelbe Kartonstreifen in Käse.

Auch **Erbsensuppe mit Würstchen, Spiegelei mit Bohnen** oder **Speckpfannkuchen mit Birnen** lassen sich aus Moosgummi, Knöpfen, Stoffresten, Papier und noch vielem mehr zaubern.

1 Klebe deine Lieblingsgerichte aus Wolle, Stoff, Papier und so weiter auf Pappteller.

2 Bitte nun deine Eltern, die Rezepte zu deinen Lieblingsspeisen zu kopieren. Schneide sie aus und klebe sie auf die Rückseite der Teller.

3 Für die Rezeptbox schneide den unteren Teil eines Waschmittelkartons ab. Oder hast du noch einen kleinen Schuhkarton übrig?

4 Beklebe die Kiste mit dem Geschirrtuch. Schneide ein Schild aus hellblauem Tonpapier zurecht und schreibe REZEPTE darauf. Klebe es auf die Box.

5 Aus dem gelben Tonpapier und einer Wäscheklammer bastelst du einen Superlecker-Anstecker. Klemme ihn an den Rand der Kiste.

Für Krach und Radau
LAUTE STABTROMMEL

1 Falte die beiden Origamipapiere einmal in der Mitte, dann zum Quadrat und einmal diagonal zum Dreieck.

2 Schneide an der offenen Kante Bögen, an der geschlossenen halbe Herzen, Schlitze und Zacken. Falte es auseinander.

MATERIAL

* 2 Origamipapiere, 10 cm x 10 cm
* Bleistift
* Schere
* Kleister
* 2 kleine Pappteller in Weiß
* Pinsel
* Papiertrinkhalm
* Bastelkleber
* Zeitungspapier
* Wäscheklammern
* Sticknadel
* 2 Schnur, 20 cm lang
* 4 Perlen

3 Verteile Kleister auf den Rückseiten der Teller und lege die Scherenschnitte darauf. Drücke sie mit dem Pinsel glatt.

4 Drücke den Trinkhalm an einer Seite flach. Klebe ihn damit auf den Tellerrand. Stütze ihn mit Zeitungspapier ab.

5 Nun klebe die Teller aufeinander. Stecke zum Trocknen ein paar Wäscheklammern um den Rand.

6 Bohre mit einer Sticknadel seitlich Löcher. Ziehe ein Stück Schnur durch jedes Loch. Fädele über beide Enden Perlen und verknote sie. Die Perlen sollten auf die Trommelmitte schlagen.

Jetzt rolle den Stab zwischen deinen Händen! Macht das nicht schön Krach?

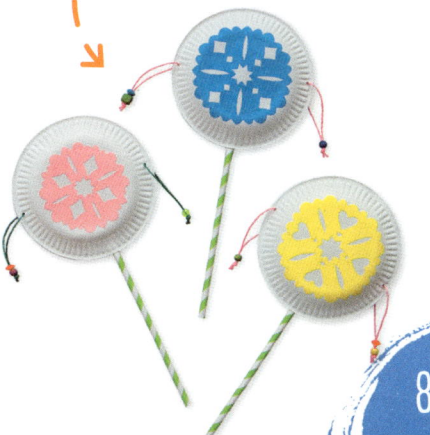

Die Wikinger sind los!
WILDE WIKINGERMASKEN

1 Zeichne auf einen Teller zwei Augenlöcher und einen Mund. Schneide sie aus.

2 Bemale das Gesicht. Schneide einen Zahn aus dem Papprest und klebe ihn in den Mund.

MATERIAL
(für 1 Maske)

* Bleistift
* 2 Pappteller in Weiß
* Schere
* Malfarbe in Rot und Rosa
* Pinsel
* Bastelkleber
* Stoffrest, z. B. alte Jeans
* ca. 7 Knöpfe
* Wolle in Rot
* Gummiband

3 Für den Helm schneidest du ein Drittel des anderen Tellers ab. Beklebe es mit Stoff und Knöpfen. Ein Streifen wird der Nasenschutz.

4 Für die Wikingerin brauchst du zwei dicke Wollzöpfe, für den Wikinger zwei Strähnen, Schnurrbart und Kinnbart.

Aufziehen, losbrüllen!

5 Klebe Zöpfe und Strähnen hinten an den Helm. Schneide zwei Hörner aus, klebe sie an den Helm und diesen auf die Maske.

6 Bohre an jeder Maskenseite ein Loch und knote das Gummiband daran fest. Der Wikinger bekommt noch den Bart.

Halt mal kurz!
ZETTELSAMMLER

1 Male den inneren Teil eines Papptellers mit Tafelfarbe an. Nach dem Trocknen trage noch eine zweite Schicht auf.

2 Dann schneide entlang der Prägung den Innenkreis des Tafeltellers aus und klebe ihn auf den anderen Teller.

MATERIAL

* 2 Pappteller, gemustert
* Tafelfarbe
* Pinsel
* Schere
* Bastelkleber
* 12 Wäscheklammern
* Glitzerklebeband oder Washi-Tape
* Moosgummi
* Münze oder Knopf als Schablone
* Klebepistole
* Aufhänger oder Wandtellerhalter

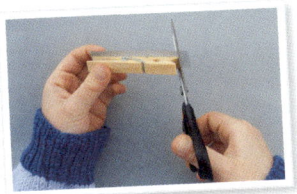

3 Verziere die 12 Wäscheklammern mit Glitzerklebeband. Überstehendes Klebeband kannst du mit der Schere abschneiden.

4 Aus Moosgummi schneidest du 12 Kreise. Nimm eine Münze oder einen Knopf als Schablone. Klebe die Kreise auf die Klemmseite der Wäscheklammern.

Los geht's: ein Stück Kreide für die Tafel und lauter Lieblingsfotos, Postkarten, Zeichnungen …

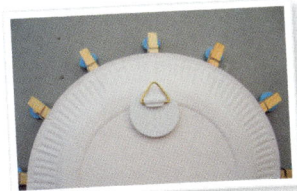

5 Klebe nun mit der Klebepistole die Wäscheklammern in gleichmäßigen Abständen auf den Tellerrand. Dabei sollte dir ein Erwachsener helfen.

6 Auf die Rückseite klebst du einen Bildaufhänger.

Für gute Laune
FRECHE PUSTEBLUME

1 Zuerst male den inneren Kreis des Papptellers gelb an.

2 Zeichne auf den Tellerrand 12 Bögen. Schneide sie aus.

MATERIAL

* Pappteller in Weiß
* Farbe in Gelb
* Pinsel
* Bleistift
* Schere
* Bastelkleber
* 2 Wackelaugen
* Papierrest in Rot
* Tonpapierreste in Bunt
* Locher
* Tonkarton in Grün
* Papiertrinkhalm
* Tröte

3 Klebe Wackelaugen auf. Knülle den roten Papierrest zur Kugel und klebe sie als Nase auf.

4 Stanze Konfetti aus Tonpapierresten. Klebe der Blume daraus bunte Sommersprossen.

5 Schneide aus grünem Tonkarton zwei Blätter aus, klebe sie an den Trinkhalm und diesen an der Blume fest.

6 Bohre unterhalb der Nase ein Loch für die Tröte. Stecke die Tröte hindurch.

Puste rein. Klasse, jetzt überrasche Leute, die gute Laune nötig haben!

Pommes Fritz
FRITTENBUDENTHEATER

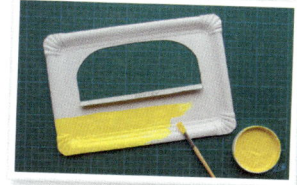

1 Zeichne auf die Rückseite des Papptellers die Form mit abgerundeten Ecken oben und eine Linie für die Ablage darunter.

2 Schneide nun das Fenster aus und knicke die Ablage zur Vorderseite um. Male die Frittenbude unten gelb an.

3 Klebe die beiden Plastikdeckel als Räder an. Rolle zwei Kugeln aus Alufolie und klebe sie in die Räder. Beklebe auch die Ablage mit Alufolie.

4 Nun schneide aus Tonpapierresten Wimpelchen, eine Fahne, dreieckige Tüten, Pommes, Ketchup und Majoflaschen … Verziere damit die Bude.

5 Male dem Besteck Gesichter. Klebe Haare an. Wickle um die Griffe Stoff. Binde ihn mit einem Wollfaden fest.

6 Schneide vier Schlitze. Ziehe das Gummiband hindurch. Verknote die Enden zu einer Schlaufe. Damit lässt sich die Bude an eine Stuhllehne spannen.

MATERIAL

* eckiger Pappteller
* Bleistift
* Schere
* Malfarbe in Gelb, Rot, Schwarz und Weiß
* Pinsel
* Bastelkleber
* 2 Plastikdeckel
* Alufolie
* Tonpapierreste
* Zahnstocher
* Plastikbesteck: Messer, Gabel und Löffel
* Stoffreste
* Wollrest
* Gummiband, 2 cm x 20 cm

Vorhang auf für Pommes Fritz und seine Crew!

Fliegende Donuts
FUN-FRISBEE

1 Male die Oberseite des einen Tellers schokoladenbraun oder zuckergussfarben an. Male dem anderen Teller auf der Unterseite einen schönen Zuckergussrand.

2 Stelle einen Becher mitten auf die Pappteller und fahre einmal mit dem Bleistift darum. Dann schneide entlang der Linie einen Kreis in die Teller.

3 Male noch bunte Zucker-streusel, damit es lecker aussieht!

4 Klebe die Teller mit Bastel-kleber am Rand aufeinander.

Und dann geht's los: Vorsicht, fliegender Donut!

5 Klemme Wäscheklammern um den Rand, damit alles beim Trocknen gut zusammenhält.

TIPP

Krepppapierkugeln machst du
aus zwei Stücken Krepppapier.
Knülle das eine zum Knäuel
und lege das andere darum.
Verdrehe es zum Zipfel.
Schneide den
Zipfel kurz.

Olé, olé!
SOMMERLICHER SÜDSEE-SOMBRERO

1 Stelle den Pappbecher in die Mitte des Papptellers. Fahre einmal mit dem Bleistift herum.

2 Schneide den Kreis einen halben Zentimeter kleiner aus.

MATERIAL
(für 1 Sombrero)

* Pappbecher
* Pappteller
* Bleistift
* Schere
* Bastelkleber
* Krepppapier in Bunt
* Gummiband

3 Nun klebe den Becher auf den Teller. Lasse den Kleber gut trocknen.

4 Schneide drei Streifen aus Krepppapier und flicht sie zu einem Band. Knäule ein paar Krepppapierkugeln.

5 Schmücke deinen Sombrero mit Kugeln und Bändern.

6 Bohre an beiden Seiten der Krempe ein kleines Loch und ziehe das Gummiband durch die Löcher. Verknote es.

Ziehe den Sombrero auf und fühle den Sommer der Südsee.

Moby Dick
WIPPENDER WAL

1 Falte den Pappteller in der Mitte. Knicke eine Ecke 5 cm nach rechts, links und lege die entstandene Falte nach innen.

2 Klebe die Innenflächen der Falte zusammen.

MATERIAL

* Pappteller in Weiß
* Bastelkleber
* Bleistift
* Schere
* Malfarbe in Hellblau
* Pinsel
* Papierstreifen in Bunt
* Wackelaugen

3 Übertrage die eingezeichneten Linien auf deinen gefalteten Teller.

4 Schneide entlang der Linie, biege die Flosse nach hinten. Schneide zwei kleine Seitenflossen zu.

Stelle Moby auf eine ebene Fläche und lasse ihn wippen, als ob er durch die Wellen des Meeres zieht.

5 Male Wal und Flossen blau. Lasse den Walbauch weiß.

6 Schneide oben ein kleines Loch. Klebe die Papierstreifen hinein. Wackelaugen und Seitenflossen ankleben.

Hin und Her
LEICHTES PINGPONG

1 Klebe je ein Holzstäbchen als Griff auf die Unterseite der Pappteller. Lasse dir von einem Erwachsenen mit der Klebepistole helfen.

2 Einmal ganz tief Luft holen, Luftballon aufblasen und fast fertig ist das Pingpong-Spiel!

3 Male dem Ballon noch mit Fingerfarben ein lustiges Gesicht.

MATERIAL

* 2 Holzstäbchen, 15 cm lang
* Klebepistole
* 2 gemusterte Pappteller, ø 17 cm
* Luftballon
* Fingerfarbe

Und schon geht es hin und her.

Für Erspartes
SPAR-APFEL MIT WURM

1 Male die Unterseite eines Papptellers rot an.

2 Zeichne auf einem anderen Teller Wurm, Apfelstiel und Blatt ein. Schneide alles aus.

MATERIAL

* 3 Pappteller
* Malfarbe in Bunt
* Pinsel
* Bleistift
* Schere
* Bastelkleber
* 2 Wackelaugen
* Pfeifenputzer
* Wäscheklammern

3 Male alles an. Klebe die Wackelaugen auf den Wurm. Das Blatt klebst du an den Stiel.

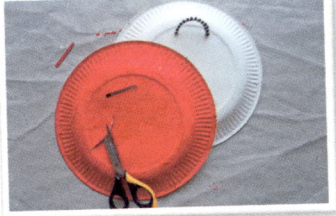

4 Schneide einen etwa 4 cm langen Spalt und links einen schrägen Schlitz.

5 Bohre oben mittig in den letzten Teller zwei Löcher mit 5 cm Abstand. Fädele den Pfeifenputzer von hinten durch und verdrehe die Enden vorne.

6 Klebe die Teller am Rand zusammen. Klemme ein paar Wäscheklammern um den Rand zum Trocknen.

7 Oben wird der Apfelstiel festgeklebt. Den Wurm schiebst du in den seitlichen Schlitz.

Hänge den Apfel auf und fange an zu sparen!

Argh! Wuah! Grrr!
GRUSELSCHÖNE MONSTERPARTY

1 Schneide einen Teller in der Mitte durch. Male die Unterseite der Hälfte und den Rand auf der Oberseite des anderen Tellers an. Die Tellermitte bekommt eine andere Farbe.

2 Jetzt knickst du den ganzen Teller in der Mitte, mit der bunten Seite innen. Den halben Teller klebst du am Rand mit der Farbe außen darauf.

MATERIAL
(für 1 Monster)

* 2 Pappteller
* Schere
* Malfarben in Monsterbunt
* Pinsel
* Bastelkleber
* Tonkarton in Monsterbunt und Weiß
* Bleistift oder Buntstift
* Filzrest

3 Für die Zähne schneidest du weiße Ecken aus Tonkarton, für die Augen bunte Bögen und weiße Kreise. Male auf die Kreise schwarze Punkte und klebe sie auf die Bögen. Die Zunge schneidest du aus Filz zu.

4 Klebe die Zunge innen im Knick des Tellers fest, die Zähne am Rand, die Augen oben. Schiebe deine Hand in die Öffnung.

Wuah, schon kann die Monsterparty beginnen!

Hier wohnt ALBA

Hier wohnt Alba!
TÜRSCHILDTAFEL MIT SCHWAMM

1 Teile den Schwamm und tupfe mit einer Hälfte die Tafelfarbe auf Vorder- und Rückseite des Tellers. Nach dem Trocknen trage eine zweite Schicht auf.

2 Für die Aufhängung fädelst du Perlen auf die Schnur, bis deine Perlenkette etwa 20 cm lang ist.

MATERIAL

* Haushaltsschwamm
* Schere
* rechteckiger Pappteller
* Tafelfarbe in Schwarz
* Holzperlen in Bunt
* Schnur
* Sticknadel
* Gewebeklebeband
* Gummibandrest
* Kreide

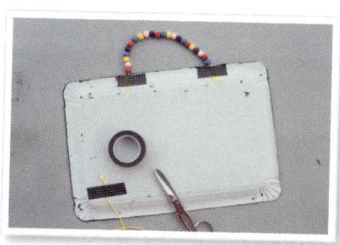

3 Fädele die Schnur in die Nadel, ziehe sie durch die saubere Schwammhälfte und verknote sie.

4 Befestige die Perlenkette und die Schnur mit Gewebeband auf der Rückseite der Tafel.

Ab damit an die Tür: Wer wohnt in deinem Zimmer?

5 Bohre zwei Löcher. Ziehe das Gummiband hindurch zur Schlaufe. Stecke die Kreide hinein und verknote es.

Hier wohnt ALBA

Für Hochstapler
FARBENFROHE ETAGERE

1 Stapele drei große und einen kleinen Teller mit Pappbechern zu einem Turm. Der kleine Teller kommt nach oben.

2 Bitte einen Erwachsenen, dir mit der Klebepistole zu helfen. Klebt die Etagere zusammen. Fangt mit dem unteren Teller an.

MATERIAL

* ★ 3 große Pappteller
* ★ 3 Pappbecher
* ★ kleiner Pappteller
* ★ Klebepistole
* ★ Krepppapier
* ★ Schere

3 Für eine Kugel brauchst du zwei Stücke Krepppapier. Knülle das eine und lege das andere darum. Verdrehe die Enden zu einem Zipfel und kürze ihn. Fertige dir einen kleinen Kugelvorrat.

4 Klebe die Kugeln um einen Tellerrand und baue ein Kugeltürmchen als Spitze.

108

110

112

114

116

118

120

122

124

EIERKARTONS

126

128

130

132

134

136

138

140

Für Fingerhut & Co.
KLEINES NÄHKÄSTCHEN

1 Schneide aus Filz unterschiedliche Kreise aus. Lege sie übereinander und nähe sie mit einem Knopf zusammen.

2 Klebe diesen Filzschmuck oben auf den Eierkarton.

MATERIAL

* Bastelfilz in 2 Farben
* Schere
* Knopf
* Sticknadel
* Stickgarn
* Bastelkleber
* 6er-Eierkarton
* Spitzenbandrest
* Stoffrest oder alte Socke
* Watte

3 Sticke einen hübschen Rand um den Filz und den Deckelrand. Ziehe die Garnenden nach innen und verknote sie.

4 Klebe in den Deckel ein Rechteck aus Filz auf. Lege ein Stück Spitze als Nadelband darüber. Klebe in die Ecken Filzpunkte.

Fülle das Nähkästchen mit Nähnadeln, Garn, Knöpfen, Fingerhut, Maßband ...

5 Für das Nadelkissen schneide den Stoffrest zum Quadrat. Lege eine Handvoll Watte darauf. Klappe die Ecken hoch. Nähe sie fest.

Und los geht's:
Eine Seefahrt, die ist lustig,
eine Seefahrt, die ist schön ...

Ahoi!
STEINSTARKES SEGELBOOT

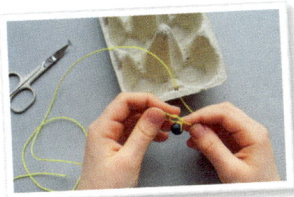

1 Schneide den Deckel des Eierkartons ab. Bohre an den kurzen Seiten ein Loch. Fädele die Schnur hindurch und durch die Perle. Verknote sie.

2 Pikse den Schaschlikspieß zwischen die Eierkartonspitzen. Dann stülpe den Trinkhalm über den Spieß.

3 Winde die Schnur einmal oberhalb des Trinkhalms um den Spieß. Dann fädele sie durch das andere Loch. Ziehe die Schnur so straff, dass der Schiffsmast aufrecht steht. Binde einen Knoten.

4 Bohre ein Loch durch den Plastikdeckel und stecke ihn auf den Mast. Schneide aus weißem Tonpapier ein Segel. Befestige es mit Klebeband.

5 Schneide Dreiecke aus den Stoffresten aus und schmücke dein Schiff mit bunten Wimpeln!

6 Übertrage die Vorlage auf Moosgummi. Schneide sie aus und knote sie an die Schnur.

7 Setze den Kieselsteinen Zipfelmützen aus zugeknoteten Luftballonhälsen auf. Mit Zahnstochern malst du ein Gesicht.

TIPP

Bastele dir eine Pappnasen-
kollektion. Wie wäre es
mit einer Nase mit Bommel
oder etwas Glitter?
Lasse deiner Fantasie
freien Lauf!

Für Grünschnäbel
NASEWEISE PAPPNASEN

1 Schneide einige Eierkarton-spitzen und ein paar Näpfe aus.

2 Überlege, ob du Maus, Hase oder lieber einen Vogel magst. Male sie entsprechend an.

3 Klebe Knöpfe auf die Nasen-spitzen, Schnurrbarthaare aus Wolle und Zähne an.

4 Pikse mit der Nadel ein Loch in jede Seite, ziehe das Gummi-band hindurch und knote es fest.

5 Oder du biegst aus Pfeifen-putzern eine Brille und befestigst daran die Pappnase, das sieht auch echt lustig aus!

TIPP

Zum Anmalen der Spitzen stecke sie auf einen Schaschlikspieß. So bleiben die Hände sauber.

Für lauschige Lesestunden
MÄRCHENHAFTE BLUMENLICHTERKETTE

1 Schneide die Paletten so auseinander, dass du die Näpfe einzeln hast.

2 Schneide aus Näpfen Blumen zurecht: 10 mit runden Blättern und 10 mit spitzen Blättern.

3 Von den Eierkartons brauchst du 10 Spitzen. Rühre den Glitter in Bastelkleber und bemale die Spitzen damit.

4 Die spitzen Blätter malst du grün an, die abgerundeten Blüten werden bunt gemalt.

MATERIAL

* 2 Eierkartonpaletten
* Schere
* 2 12er-Eierkartons
* Glitter
* Bastelkleber
* Pinsel
* Malfarbe in Bunt und Grün
* 1 LED-Lichterkette mit 10 Lichtern, batteriebetrieben

Licht an, Märchenreise los!

5 Klebe eine runde Blüte versetzt in grüne Blätter. In die Mitte kommt eine Spitze.

6 Bohre mit einem Erwachsenen in jede Blüte ein Loch und stecke eine LED-Birne hindurch.

115

Eierlei!
GEPUNKTETE EIERBECHER

MATERIAL

* Eierpalette
* Schere
* Klebepistole oder Bastelkleber
* Malfarben in Schwarz und Bunt
* Pinsel
* einige Streichhölzer
* Klarlack

1 Für jeden Eierbecher schneidest du zwei Näpfe aus der Eierpalette. Achte darauf, den Rand gleichmäßig zu schneiden.

2 Klebe nun zwei Näpfe mit den Unterseiten aufeinander. Wenn du mit der Klebepistole arbeiten möchtest, bitte einen Erwachsenen, dir dabei zu helfen.

3 Male die Eierbecher schwarz an. Wenn die Farbe getrocknet ist, tupfe mit Streichhölzern bunte Punkte darauf.

4 Lasse die Punkte gut trocknen. Dann kannst du die Eierbecher mit Klarlack überziehen.

Und schon kannst du ein paar Eier kochen ...

Abgehakt!
WITZIGE MÄUSEGARDEROBE

1 Schau dir den Boden des Eierkartons genau an. Siehst du, wo sich die Mäuseköpfe verstecken?

2 Schneide sie aus: An jeder Spitze bleiben zwei Bögen als Ohren stehen.

MATERIAL

* Eierkarton
* Bleistift
* Schere
* Malfarbe in Bunt
* Pinsel
* Bastelkleber
* Stoff-, Filz- und Wollreste
* Brett, 36 cm x 10 cm
* 4 Schraubhaken
* 2 Haken zum Aufhängen

3 Male ihnen Augen und farbige Ohren. Klebe Schnurrbarthaare aus dünner Wolle auf. Setze einen Filzpunkt darauf.

4 Schneide vier Maushemden aus den Stoffresten und klebe sie an die Brettkante.

5 Darüber klebst du die Mäuseköpfe mit Bastelkleber fest.

6 Schraube unter jede Maus einen Haken und oben zwei Aufhänger in das Brett. Bitte dabei einen Erwachsenen um Hilfe.

Mit der aufgehängten Garderobe haben Tasche und Jacke ihren festen Mäuseplatz ...

TIPP

Setze ein LED-Teelicht in das Aquarium. Knipse es an, wenn es dunkel wird. Das glitzert und funkelt ganz zauberhaft!

Für Tiefseetaucher
3-D-AQUARIUM

1 Male den Eierkarton innen blau an und streue Glitter über die noch feuchte Farbe.

2 Schneide aus Moosgummi Wasserpflanzen. Klebe sie in Muschelschalen oder in den Karton.

MATERIAL

* 6er-Eierkarton
* Malfarbe in Blau und Bunt
* Pinsel
* Glitter
* Schere
* Moosgummi in Grün, Rosa …
* Bastelkleber
* Tonpapier in Silber für die Fische
* Stecknadel
* dünner Silberdraht
* Strandschätze, wie Muscheln, Steine …

3 Gestalte einen Einsiedlerkrebs aus Moosgummi, eine kleine Meerjungfrau oder einen riesigen Kraken.

4 Schneide kleine Fische aus silbernem Tonpapier und bemale sie. Durchbohre einige am Rücken mit einer Stecknadel und fädele sie auf Draht.

5 Pikse in die Kartonspitzen ein Loch und stecke die Drahtenden hinein. Biege den Draht in Form. Verteile die Muscheln, Steine …

Und blubb, blubb, geht es ab in die Tiefsee …

121

MATERIAL

* 12er-Eierkarton
* Schüssel mit Wasser
* Pürierstab
* Fliegenklatsche
* Handtuch
* Keksausstechform
* Löffel
* Blumenwiese-Samenmischung
* Schere
* Papierreste
* Stift
* Sticknadel
* Garn

TIPP

Die Papiere können im Frühling in einen Topf oder in den Garten gepflanzt werden. Bedecke sie ein wenig mit Erde und gieße sie regelmäßig. Bis zum Sommer wächst daraus eine kleine Wiese, über die sich Bienen und Schmetterlinge sehr freuen!

Für fleißige Gärtner
PFLANZPAPIER MIT BLUMENSAMEN

1 Zerreiße den Eierkarton in Stücke. Weiche die Schnipsel über Nacht in einer Schüssel mit Wasser ein.

2 Zerkleinere die Schnipsel mit dem Pürierstab. Gib eventuell noch etwas Wasser hinzu.

3 Lege die Fliegenklatsche auf das Handtuch und darüber die Keksausstechform. Rühre zwei kleine Löffel Blumensamen in den Papierbrei.

4 Schöpfe in die Keksform drei bis vier Esslöffel Papierbrei. Presse mit dem Daumen die Masse in der Form aus.

5 Lege sie vorsichtig zum Trocknen an einen warmen Ort. Schöpfe weitere Pflanzkekse.

6 Verschenke eine kleine Blumenwiese: Schneide aus Papier Etiketten und schreibe einen Gruß darauf. Befestige sie mit Nadel und Faden am Pflanzpapier.

Drei dicke Freunde
PUTZIGE BAUERNHOFTIERE

1 Schneide aus der Eierpalette drei Näpfe aus.

2 Bemale sie außen: einen in Schwarz, einen in Rosa und einen in Weiß. Der Weiße hat ein schwarzes Gesicht.

MATERIAL

* Eierpalette (mit möglichst großen, runden Näpfen)
* Schere
* Malfarbe in Bunt
* Pinsel
* Bastelkleber
* Wackelaugen
* Moosgummi, Watte, Tonpapierreste

Määh, oink-oink, kikeriki! Nun sind die drei dicken Freunde komplett!

3 Klebe die Wackelaugen auf. Schneide Kamm, Flügel, Schnabel, Nase und Ohren aus Moosgummi und Tonpapier aus und klebe alles an.

4 Klebe auf die Rückseite ein paar Schwanzfedern aus Papierstreifen, einen Ringelschwanz und einen Watteschwanz.

ZiRkUS

Herzlich willkommen im Flohzirkus!

Flip, Flap, Flop
LUSTIGER FLOHZIRKUS

1 Suche dir einen erwachsenen Helfer. Kocht 4 Korken 10 Minuten lang. Die ausgekühlten Korken könnt ihr mit einem scharfen Messer in 6 Scheiben schneiden.

2 Male je 6 Korkenscheiben in derselben Farbe an.

MATERIAL

* 8 Korken
* Kochtopf mit Wasser
* Messer
* Acrylfarbe in Bunt
* Pinsel und Zahnstocher
* 30er-Eierpalette
* Schaschlikspieß
* 2 Perlen, klein und groß
* Tonpapier in Gelb
* Klebestift
* Schere
* Papiertrinkhalm

3 Nun brauchst du noch zu jeder Flohfarbe einen passenden Korkendompteur: Male je einen ganzen Korken passend an.

4 Bemale die Eierpalette: je 7 abwechselnd in den vier Flohfarben. Die beiden mittigen Mulden werden weiß.

Spiel

Jeder Spieler hat seine Farbe. Legt eure 6 Flöhe in einer Reihe vor euch hin. Dann darf der Reihe nach immer ein Floh mit dem Dompteur geschnippt werden. Landet der Floh in der Manege, darf der Spieler gleich noch einmal schnippen. Sobald ein Spieler keine Flöhe mehr hat, ist das Spiel zu Ende. Dann werden die Punkte gezählt:

1 = Flöhe in andersfarbiger Mulde
2 = Flöhe in gleichfarbiger Mulde
3 = Flöhe in weißer Mulde

5 Klebe auf den Schaschlikspieß eine kleine Perle, darunter eine kleine Fahne aus Tonpapier. Dann stecke die große Perle auf.

6 Bohre in die Mitte der Palette ein kleines Loch und stecke den Trinkhalm hinein. Stecke die Fahne in den Halm.

Für Zuckermäuse
SÜSSE NASCHKATZE

1 Schneide aus Filzresten zwei weiße Kreise und zwei kleinere schwarze Kreise, eine rosa Zunge und zwei grüne Dreiecke.

2 Lege den Eierkarton mit der Öffnung zu dir und klebe die Filzteile auf.

3 Schneide ein paar Fäden für die Schnauze und die Schnurrbarthaare zurecht und klebe sie ebenfalls auf. Zum Schluss klebst du die schwarze Knopfnase auf.

4 Innen im Deckel ist Platz für eine kleine Nachricht. Und nun fehlt noch eine süße Füllung. Wie wäre es denn mit weißen Mäusen aus Schaumgummi?

MATERIAL

* Filzreste in Schwarz, Weiß, Rosa und Grün
* Schere
* 6er-Eierkarton
* Bastelkleber
* Garnreste
* Knopf in Schwarz
* Filzstift

Zuckermäuse liebt jeder!
Du bestimmt auch ... daher nicht schon alle aufessen, sondern noch welche zum Verschenken lassen.
Mmmh ... lecker!

Hungriges Großmaul!
KROKODIL-MARIONETTE

MATERIAL

- ★ 3 10er-Eierkartons
- ★ Acrylfarbe in Grün, Rosa und Schwarz
- ★ Pinsel
- ★ Schere
- ★ Tonkarton in Grün und Weiß
- ★ 2 Plastikdeckel in Weiß
- ★ Bastelkleber und Klebepistole
- ★ 8 Tonpapierstreifen in Grün, 3 cm breit, 50 cm lang
- ★ Pfeifenputzer in Grün
- ★ Nagel
- ★ 2 Musterklammern
- ★ 2 Holzperlen
- ★ 2 Schnüre, 1 m lang
- ★ Stoffreste für die Serviette und den Stab
- ★ Holzstab, etwa 30 cm lang
- ★ Plastikmesser und -gabel

TIPP
Suche dir zum Verbinden der Teile einen erwachsenen Helfer. Zusammen packt ihr das!

1 Beginne mit dem Kopf: Male einen Eierkarton außen grün und innen rosa an. Dann schneide den Deckel ab.

2 Schneide aus grünem Karton zwei Bögen. Klebe die Plastikdeckel auf. Tupfe schwarze Pupillen darauf. Knicke unten 1 cm Karton um und klebe den Knick auf.

3 Aus weißem Karton schneidest du spitze Zähne. Klebe sie innen an Ober- und Unterkiefer.

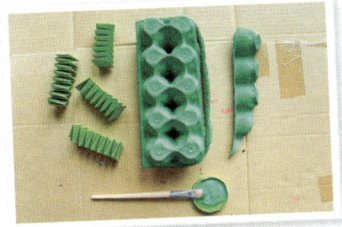

4 Für den Körper male einen weiteren Karton grün an. Schneide aus dem dritten Karton einen spitzen Schwanz und male ihn grün. Falte vier Hexenleitern aus den acht Tonpapierstreifen.

5 Klebe die Arme, die Beine und den Schwanz an den Körper.

6 Schneide vier Klauen zu und bemale sie grün. Befestige an zwei Klauen eine Pfeifenputzer-Schlaufe. Klebe die Klauen an die Hexenleitern.

7 Setze den Kopf auf den Körper. Bohre zwei Löcher mit dem Nagel. Verbinde die beiden Kartons mit Musterklammern. Bohre ein Loch oben in die Kopfmitte und hinten durch den Kopf.

8 Knote jeweils eine Perle an eine Schnur. Ziehe eine Schnur durch das Loch an der Schnauze und die andere durch das Loch hinten, sodass die Perlen innen liegen.

9 Knote die Marionettenschnüre an den mit Stoff umwickelten Stab. Stecke Messer und Gabel in die Handschlaufen. Binde ein Stück Stoff als Serviette um den Hals.

TIPP

Du kannst
auch schöne
Blumen säen!

Für kleine Gärtner
EIERSCHALEN-GARTEN MIT ZWERG

1 Schneide die Rolle an einer Öffnung rundherum 6-mal etwa 3 cm tief ein. Falte die Fransen nach innen. Klebe Kreppklebeband darüber.

2 Stelle die Rolle mit der zugeklebten Seite nach oben vor dich hin. Male sie oben hautfarben und unten blau an. Dann bemale den Eierkartonzipfel in Rot.

MATERIAL

* Klopapierrolle
* Schere
* Kreppklebeband
* Malfarbe in Bunt
* Pinsel
* Eierkartonzipfel
* Filzrest in Weiß
* Bastelkleber
* 6er-Eierkarton
* Eierschalenhälften, ausgewaschen
* Blumenerde
* Löffel
* kleine Pflanzen oder Samen

3 Male der Rolle ein Gesicht. Schneide aus Filz einen Bart. Klebe Bart und Mütze auf.

4 Schneide von dem Eierkarton den Deckel ab und stelle den Zwerg in eine der Eiermulden.

5 Fülle die Eierschalen mit Blumenerde. Setze Ableger. Die Pflanzenschälchen legst du in die Kartonmulden.

Gießen nicht vergessen!

Mein Pilzwäldchen
FLOTTE FLIEGENPILZE

1 Schneide aus dem Eierkarton die Spitzen als Pilzstiele heraus.

2 Dann schneide aus den Mulden der Palette die Pilzhüte zu.

MATERIAL

* Eierkarton und Eierpalette
* Schere
* Acryl- oder Temperafarbe in Weiß und Rot
* Pinsel
* Bastelkleber

3 Bemale die Stiele weiß und die Hütchen rot mit Punkten.

4 Nach dem Trocknen klebst du die Hüte auf die Stiele.

Ein Pilzlein steht im Walde, ganz still und stumm ... damit es nicht alleine bleibt, bastele noch mehr darum.

TIPP
Überziehe die fertigen Pilze mit Klarlack, dann trotzen sie auch mal kurzen Schauern.

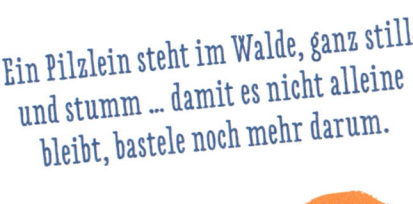

Viele bunte Dinger
BEMALTE EIERKARTONKNÖPFE

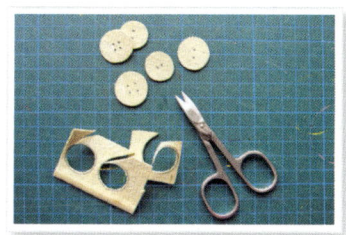

1 Eierkartondeckel verwandelst du ganz schnell in Pappknöpfe. Nimm einfach echte Knöpfe als Schablone.

2 Schneide den Pappknopf mit der Nagelschere aus.

3 Stanze die Löcher mit der Zange aus.

4 Bemale deine Knöpfe mit Punkten, Strichen, Mustern …. Danach überziehe sie mit Klarlack.

5 Und jetzt mach was Schönes aus den bunten Dingern: Lesezeichen, Haarspangen oder Anstecker?

137

TIPP

Dieses Pappmaschee hält sich in Frischhaltefolie eingewickelt eine Weile im Kühlschrank. Eventuell musst du es vor erneutem Gebrauch etwas auspressen und frischen Kleister einkneten.

Für Schreiblaune
TIERISCHE BLEISTIFT-KÖPFE

1 Zerreiße den Eierkarton zu Schnipseln. Weiche sie über Nacht in Wasser ein.

2 Knete die Masse mit den Händen gut durch. Dann verrühre alles mit dem Mixer.

MATERIAL

* Eierkarton
* Schüssel mit Wasser
* Handmixer
* Kleister
* Bleistift
* Acrylfarbe in Bunt
* Pinsel

3 Presse aus der Masse das Wasser heraus. Knete etwas Kleister hinein, bis sie gut formbar ist. Lasse sie 20 Minuten ruhen.

4 Drücke eine Handvoll Masse oben auf einen Stift. Forme einen Tierkopf mit Ohren, Schnabel oder wie du magst.

5 Wenn alles modelliert ist, stelle die Stifte in ein Glas. Lasse sie an einem warmen Ort gut trocknen.

6 Nach ein paar Tagen kannst du die Bleistiftköpfe bemalen.

TIPP

Versiegele den Armreif
mit Klarlack, damit er
länger bunt bleibt

Superschick
KLAPPER-ARMREIFEN

1 Fertige die Masse wie auf Seite 138 in Schritt 1 bis 3 beschrieben.

2 Schneide von der Stapel-chips-Rolle einen Streifen ab. Glätte die Kanten.

MATERIAL

* ca. 2 Eierkartons
* Schüssel mit Wasser
* Handmixer
* Kleister
* Stapelchips-Verpackung (Rolle)
* Schere
* Kreppklebeband
* etwas Zeitungspapier
* Schleifpapier in Grob
* Malfarbe in Bunt
* Pinsel

3 Lege den Streifen um die breiteste Stelle deiner Hand. Klebe die Enden mit Kreppklebe-band zusammen.

4 Bestreiche den Ring mit Kleister und lege eine Schicht Zeitungschnipsel darüber. Streiche alles schön glatt.

5 Modelliere eine dickere Schicht Pappmaschee außenrum und streiche sie glatt. Lasse den Armreif gut trocknen. Bevor du den Armreif bunt anmalst, schmirgelst du ihn mit Schleifpa-pier glatt.

Superschick, oder?

Bastelvorlagen

Flügel für Flatternde Hampel-Fledermaus S. 16

Hase für Hüpfender Zylinderhase S. 22

Kuckuck für Lustige Kuckucksuhr S. 74

Anker für Steinstarkes Segelboot S. 110

Tipps & Tricks

VORLAGEN ÜBERTAGEN

Bevor's losgeht, kopierst du die Vorlagen aus dem Buch – entweder mit einem Kopiergerät oder mit Stift und Transparentpapier. Anschließend schneidest du die Motive aus und klebst sie auf dünnen Karton. Wenn du die Motive jetzt noch einmal ausschneidest, hast du Schablonen, die du immer wieder verwenden kannst. Also, gut aufheben!

SCHNEIDEN & KLEBEN

Um Klorollen zu kürzen, hilft dir ein Gummiring als Markierung. So kannst du rundherum den gleichen Abstand halten. Zeichne dir alle Schnittlinien vor, bevor du mit der Schere loslegst.

Eierkartons schneidest du zuerst mit einer Bastelschere grob zu, bevor du mit der Nagelschere die feinen Details angehst. Um die Streichholzschachtel zu umkleben, kannst du dir eine Schablone machen, die du immer wieder verwendest, um die Papierstücke zurechtzuschneiden. Pappteller knickst du vor und fährst den Falz mit dem Griff der Schere nach, bevor du sie schneidest.

Alle Modelle kannst du mit Bastelkleber fertigen. Manchmal ist Heißkleber eine sinnvolle Alternative. Lasse dir immer von einem Erwachsenen helfen, wenn du Heißkleber verwenden möchtest.

ANMALEN

Bevor du dich mit Farbe und Pinsel ans Werk machst, pikst du die Eierkartonspitzen auf Schaschlikspieße und greifst Streichholzschachteln und Klorollen mit Wäscheklammern. So bleiben deine Finger sauber und du kannst deine Kunstwerke gut von allen Seiten bemalen.

Für Gesichter und Punkte arbeitest du am besten mit einem Streichholz oder einem Zahnstocher. Damit bekommst du gerade Ränder leichter hin. Einfach die Spitze des Stäbchens in die Farbe tunken und losstempeln.

TROCKNEN LASSEN

Egal ob Klebstoff oder Farbe – lasse alles gut trocknen, bevor du weiterbastelst. Damit du Klebeteile nicht die ganze Zeit festhalten musst, klemmst du sie mit Wäscheklammern zusammen. Übrigens: Mit einer zweiten Schicht Farbe oder Klarlack sehen deine Teile noch brillanter aus.

MIT KLARLACK VERSIEGELN

Zum Schluss kannst du deine Kunstwerke mit Klarlack versiegeln. Dann glänzen sie schön und halten länger. Das ist besonders für die Sachen wichtig, die später benutzt werden, zum Beispiel Armreifen oder Eierbecher.

Danke!

Wir danken herzlich allen Fotokindern, die mit Charme und Faxen mitgemacht haben: Alba, Diana, Jule, Julius, Leo, Marta, Max und Zoe Marie.

Impressum

Alle Tipps und Informationen in diesem Buch sind sorgfältig ausgewählt und geprüft. Dennoch können weder Urheber noch Verlag eine Garantie übernehmen. Eine Haftung für Personen-, Sach- und Vermögensschäden ist ausgeschlossen.

Haftungsausschluss für Links

Urheber und Verlag haften nicht für Schäden, die durch das Aufrufen der im Buch aufgeführten Internetseiten oder die Verwendung ihrer Inhalte entstehen. Web-Links können sich ändern oder veralten. Für alle im Buch aufgeführten Internetseiten, deren Inhalte und ihre technische Sicherheit sind ausschließlich deren Betreiber verantwortlich.

MIX
Papier aus verantwortungsvollen Quellen
FSC® C130176
FSC
www.fsc.org

5 4 3 2 1   20 19 18 17 16
ISBN 978-3-649-66956-2
© 2016 Coppenrath Verlag GmbH & Co. KG,
Hafenweg 30, 48155 Münster, Germany
CH: Baumgartner Bücher AG, Centralweg 16, 8910 Affoltern a.A.
Alle Rechte vorbehalten, auch auszugsweise

Bastelideen, Anleitungstext und Arbeitsschrittfotos:
Katja Enseling, honigkukuk.de
Modellfotos: Ruth Niehoff, www.ruth-niehoff.de, libellen-werkstatt.de
Redaktion: Regina Herr
Layout und Satz: Ute Kleim, www.utekleim.de

Printed in Serbia

www.coppenrath.de
www.100-prozent-kreativ.de